VICE(S)

VERSA

Ghis

VICE(S)

« LES MOTS SOCIAUX »

Tous les personnages sont fictifs, mais leurs parcours, leurs destins sont malheureusement la sombre réalité de tant d'humains.

À Sam
À mes proches,
À Bruno et Tayeb, partis trop tôt,
Et à tous ceux qui sont vexés de ne pas
être cités.

Vice(s) « Les mots sociaux » aborde différents thèmes sociétaux ou sociaux. Il peut sembler étrange d'utiliser le format poétique pour se pencher et mettre en lumière certains vices cachés de notre société. Mais parfois pour faire passer un message insoutenable, le draper dans une version plus esthétique, peut permettre de l'aborder auprès d'un plus grand nombre.

Et pour ma part, je trouve que ce processus permet de mettre encore plus en exergue la cruauté des actes. Pour prendre une image vulgaire et scatologique, je dirais que si l'on m'offre un excrément dans une feuille de papier journal, je serais écœuré. Mais si l'on m'offre le même présent, dans du papier de soie et un écrin, au-delà de mon dégout, je serais profondément déstabilisé.

Le but de Vice(s) n'est pas forcément de vous déstabiliser, mais bien dans la mesure du possible d'aborder des thèmes parfois cruels qui sont les pans sombres de notre société. Heureusement d'autres textes abordent des sujets moins symptomatiques, bien que tout aussi troublants pour ceux qui le vivent.

LA PLUIE SALVATRICE

Depuis bien des millénaires, elles sont bannies, exilées.
Cantonnées derrière de si vastes murailles pudiques.
Elles sont irrémédiablement exclues, de la place publique.
Gare à tout contrevenant qui les laisserait s'échapper.

Elles sont, paraît-il depuis toujours, un privilège féminin.
Elles sublimeraient les paupières des descendantes d'Héra.
Elles sont, semblerait-il depuis toujours, un affre masculin.
Elles trépasseraient les pupilles des héritiers de Zeus ou pas.

Ont-ils donc oublié intrinsèquement que toutes ces larmes
Sont cette divine pluie salvatrice et purificatrice de nos âmes.

Honni soit ce bien mauvais homme, qui se gausse de son semblable.
Celui qui ose faire fi de sa pudeur, pour laisser paraître son côté humble.

Pourquoi devoir masquer ses émois, ne jamais pouvoir céder à ses démons,
Depuis sa plus tendre enfance, éduqué, cadenassé à retenir ses émotions.

Peu importe que les étriqués cérébraux pensent y déceler de la faiblesse,
Les purs, eux, sauront y reconnaître de la force, une certaine forme de sagesse,
Que ce soit agenouillé devant un autel sacré, un berceau ou un vil caveau.
Un homme vrai occultera son environnement, pour laisser échapper ses sanglots.

Ont-ils donc oublié intrinsèquement que toutes ces larmes
Sont cette divine pluie salvatrice et purificatrice de nos âmes.

« Très souvent, j'ai demandé à mon fils de masquer ses larmes de douleur physique, de passer outre la souffrance pour aller de l'avant et ne pas se laisser sombrer. A contrario, je l'ai toujours encouragé à laver son âme de ses chagrins par ses larmes, de ne pas avoir peur de les laisser couler.

Je me souviens d'un matin à l'hôpital où le père de mon petit frère de cœur est parti. D'origine africaine, les aînés lui disaient tu es le plus grand, tu dois montrer l'exemple en restant fort. Je lui avais alors dit, non justement être fort, c'est de laisser sa peine s'exprimer, sinon tu vas te noyer de l'intérieur. »

ORAISON D'UN MUR DE CITEE ANONYME

Tel un chérubin, je suis empreint d'excitation,
Car même si je suinte parfois encore un peu,
Cette mère de famille, embrumée des yeux,
Vient de m'embrasser, dans une bénédiction.

Les cris de joie des enfants résonnent en moi.
Chaque jour, je suis l'écho de leurs émois.
Mille fois, sans lassitude, j'ai renvoyé leurs
ballons.
Mille fois, avec gratitude, je me suis nourri de leur
passion.

Puis avec le temps et l'ennui, ils ne m'ont guère
plus respecté.
Mais je ne peux les blâmer, pour eux on avait fait
de même.
Posant inlassablement contre moi leurs semelles
souillées,
Marquant de leur empreinte le stigmate de leur
vie de bohème.

Tels des fauves, en manque de repères, ils
marquent leur territoire de hyènes,
Afin de se prouver qu'ils existent, que tout ça n'est
pas si dramatique.
Couche après couche, ils me barbouillent, de
façon plus ou moins artistique,
Avec l'utopie d'exister à travers ces peintures
rupestres des temps modernes.

La trotteuse, elle, poursuit inexorablement son
chemin
Car, à l'horizon, pointe irrémédiablement mon
destin.
À l'origine, ma genèse devait être un paradis pour
tous,
Mais par l'oubli de tous, il s'est mué en enfer pour
nous.

Puis vient le temps où ils plaquent leurs mains
moites,
À l'arrivée lumineuse, des ombres belliqueuses et
noires.
Derrière moi, à l'abri, ils échangent du rêve contre
du rêve.
Ou du poison contre de l'illusion, dans un autre
registre.

Plus ils s'enlisent dans le désespoir, dans les
pénombres,
Plus je pense à mes cousins de Berlin, ou d'Israël.
À leur instar, on me tire dessus à balles réelles,
Laissant des cicatrices, qui me rendent insalubre.

Plus on les rejette, plus ils s'isolent,
paradoxalement.
Dans un simple réflexe conditionné de survie.
Ont succédé des cris de haine, aux cris des
enfants.

Je suis le faible écho de cette lente et cruelle
agonie.

Il est temps que cela cesse, je suis usé, à bout de
souffle
J'ai rendu mon dernier souffle, dans un souffle de
poussières.
Je suis retourné à la terre, emportant avec moi les
âmes
De tous ces anonymes, errants, dans ce qui
n'aurait jamais dû être un enfer.

La trotteuse est bloquée au bout du chemin.
Éreinté, je suis enfin arrivé à mon destin.
À l'origine, ma genèse devait être un paradis pour
tous,
Mais par l'oubli de tous, il s'est mué en enfer pour
nous.

« Nous avons tous fait le constat de la dérive des quartiers « HLM » depuis ces trente dernières années, pourtant à la base c'était un eldorado pour les familles qui les ont intégrés dans les années 60. Mon beau-frère me racontait qu'ils étaient, passés les yeux brillants, d'un bidonville à un appartement avec chauffage, toilettes, eau chaude…

Malheureusement comme énormément d'argent avait été investi à cette époque, les pouvoirs publics ont laissé la situation se dégrader.

Je m'étais donc posé la question : « qui pourrait être le témoin de ce changement, de cette descente en enfer ? », naturellement m'est venue l'idée du mur. »

LES NAUFRAGES DE LA VIE

Comme un ilot perdu au fin fond de l'océan,
Ils ne forment plus qu'un, même corporellement.
Leurs mains sont étreintes comme soudées,
Leurs cœurs sont unis, mais si oppressés.

La chaleur les accable, mais ils ne disent mot,
La poussière, omniprésente et obsédante, les
étouffe.
Les insectes les harcèlent, mais ils ignorent ces
maux,
Les cris sont assourdissants, mais ils ne les
entendent.

Car ils sont comme transportés, loin de leur corps,
Peu importe les désagréments qu'ils subissent ici.
Leurs yeux scrutent frénétiquement en
synchronie,
Ils le sentent, c'est maintenant, ils ne peuvent
avoir tort.

Voilà des mois que ce moment, ils l'attendent
Voilà des semaines qu'ils s'y préparent
Voilà des jours qu'entre eux, ils se le narrent
Voilà des heures que ça les apeure

Face à eux se trouvent toutes ses âmes
déchirées

Qui pointent sur eux des yeux si noirs
Telle une myriade d'étoiles d'espoir
Car eux aussi attendent depuis des années

Toutes ces âmes en peine les font chavirer
Ils en ont le tournis et commencent à douter.
Comment faire pour choisir ? Pourquoi
sélectionner ?
Si peu d'amour à offrir, face à tant de pitié.

Il hésite et commence à reculer
imperceptiblement
Elle résiste fermement et le ramène doucement
Quand tout naturellement, face eux, ils
apparaissent
Sortant de la pénombre ne formant qu'un, telle
une caresse !

Elle, l'aînée, portant tendrement son cadet éreinté
Elle, l'aimée, serrant tendrement son aimé enivré
Ces huit iris passent doucement d'un visage à
l'autre,
Se considérant mutuellement comme des
apôtres.

Leurs cœurs battent à l'unisson, enfin calmés.
Après cette course exténuante après le bonheur,
Le chemin de croix est terminé pour lui et sa
sœur.

La quête désespérée est terminée pour lui et son
aimée.

21

« Difficile d'imaginer le parcours de combattant des parents adoptifs, mais encore plus compliqué de narrer celui des naufragés de la vie qui n'attendent que d'être aimés. »

L'ELDORADO GHETTO

Mon père est venu chercher asile sur votre terre,
Car la sienne était hantée par la guerre.
Par la suite, il a été rejoint par ma mère,
Car elle voulait nous extraire de la misère.

On leur a souvent dit qu'ici c'était l'eldorado,
Nous nous sommes retrouvés dans un ghetto.

Humblement et méticuleusement, il a nettoyé
Les avenues souillées de la Ville lumière.
Humblement et méticuleusement, elle a nettoyé
Les bureaux souillés des tours de lumière.

On leur a souvent dit qu'ici c'était l'eldorado,
Nous nous sommes retrouvés dans un ghetto.

Sur les bancs d'école, j'ai appris mes leçons,
Mama veut que j'aie une belle profession.
Mais qu'il est difficile d'étudier la peur au ventre.
Les cafards, les rats ont mué ma chambre en
antre.

On leur a souvent dit qu'ici c'était l'eldorado,
Nous nous sommes retrouvés dans un ghetto.

Mes amis ignoraient réellement où je résidais
Il faut avouer que j'en étais vraiment peu fier.

Mais ils ont vu ma photo dans les journaux hier,
Il paraît que longtemps leurs sanglots ont duré.

On leur a souvent dit qu'ici c'était l'eldorado,
Nous nous sommes retrouvés dans un caveau.

« En 2005, en plein été, un immeuble a brulé faisant dix-sept victimes, dont quatorze enfants. J'étais présent ce soir-là avec mon petit frère de cœur. Nous avons vu ce qu'aucun être humain ne devrait voir dans sa vie, d'ailleurs j'en ai encore les larmes aux yeux, quand je l'évoque.
Étant un ancien éducateur de l'immeuble, j'ai passé de nombreuses journées avec les survivants. Lors de l'hommage qui a été rendu aux victimes, j'ai voulu leur offrir humblement ces quelques mots. »

VOLEUR DE DESTIN

La pulpe de mes doigts caresse tant bien que mal, avec délicatesse,
Cette image gisant à même le sol et surgie avec fracas de ma jeunesse,
Entourée de mille éclats de cristal où se mêlent mes perles écarlates,
Agenouillée, le corps et le cœur meurtris, devant cette scène scélérate.

Nous étions tellement beaux, ce jour béni de nos noces printanières.
Son sourire, éclatant de mille feux, embrasait mon cœur innocent.
Ses mots d'amour m'enivraient du crépuscule au jour naissant.
Il m'avait assuré de son amour pour le meilleur, mais aussi le pire.

Oui, je confesse douter de toi, au plus profond de mon désarroi.
Car si tu es la divinité, qu'ai-je fait pour mériter un tel chemin ?
Voilà longtemps que je ne l'idolâtre plus, celui qui se prend pour mon roi.
J'attends impassible, lune après lune, que disparaisse mon voleur de destin.

Dès les premières sanctions, j'aurais dû avoir le courage de mettre le holà.

Mais patiemment, il avait su tisser sa toile de prédateur, sans aucun émoi.

Occultant de mon entourage les rares témoins qui ne le soupçonnaient pas.

Son rôle de bourreau lui sied comme un gant, il se délecte de mon effroi.

J'ai usé à la corde tous mes cache-misères, cols roulés et autres mascaras.

Dorénavant mes stigmates sont trop voyants, il se sent tellement intouchable.

Mes yeux se brouillent avec ces larmes de sang, qui de mes plaies jaillissent.

Mon dernier sourire se fige en pensant à mes anges que j'abandonne là.

Oui, je confesse douter de toi, au plus profond de mon désarroi.

Car si tu es la divinité, qu'ai-je fait pour mériter un tel chemin ?

Voilà longtemps que je ne l'idolâtre plus, celui qui se prend pour mon roi.

J'attends impassible, lune après lune, qu'il devienne mon voleur de destin.

« Ce texte sur le féminicide est né d'une rencontre avec une chanteuse, qui cherchait un écrit sur ce thème. Ici vous est présenté le premier jet, puis il a été affiné en collaboration avec un compositeur et l'interprète, mais le projet n'a jamais abouti. »

CAUCHEMAR ENFANTIN

« Oh petit jésus, fils de dieu, toi que l'on a tant fait souffrir,
Je t'en supplie, accomplis un miracle, pour que cesse mon martyr »
Cette incantation, elle l'égrainait tel un chapelet, soir après soir,
Cloîtrée dans sa minuscule chambre, envahie d'une chape noire.

À mi-chemin entre veille et sommeil, son esprit vagabondait,
Espérant de tout son cœur que sa literie enfin se muerait
En murailles impénétrables, pour trouver refuge dans les hauteurs
D'un donjon, la délivrant de son ennemi nocturne, de ses frayeurs.

À chaque crépuscule, elle était hantée par ces délires malsains,
La lune révélant des phobies, étrangères de l'univers enfantin.

Désespérément elle tentait de s'évader, dans les bras de Morphée,
Mais son effroi, des heures durant la maintenait cruellement éveillée.

Blottie au fond de sa couche, appréhendant le crissement du parquet,
Annonciateur de l'arrivée imminente du monstre qu'elle appréhendait.

Le tic-tac de l'horloge du couloir distillait ses secondes diaboliques,
Qui, telle une peau de chagrin, la rapprochaient de l'heure fatidique.
Était-ce le fruit de son imagination, ou la poignée argentée de sa porte
Venait de tourner ? Blottie, transie d'angoisse, elle attendait telle une morte.

À chaque crépuscule, elle était hantée par ces délires malsains,
La lune révélant des phobies, étrangères de l'univers enfantin.

Une ombre glisse le long de sa commode, et se rapproche de son refuge.
Une voix familière, mais au relent sanguin, vient de tonner au creux de son oreille.
« Chut, c'est fini je suis là, tu as encore fait de mauvais songes ! »
Son vieux sommier crie sous le poids, qui vient se blottir contre elle.

Deux tentacules la happent, pour la rapprocher de cette bouche proéminente,

Une langue lourdement chargée d'alcool, de tabac, démesurée et écœurante
Vient d'envahir sa pauvre gorge. Des mains calleuses se glissent furtivement
Sous sa frêle chemise de nuit, à la recherche de son intimité d'enfant.

À chaque crépuscule, elle était hantée par ces délires malsains,
La lune révélant des phobies, étrangères de l'univers enfantin.

Malgré la tristesse qui l'envahit, aucune larme ne coule, la source est tarie.
À quoi bon crier ! Son unique sauveur est semble-t-il au royaume des endormis,
À moins qu'il ne se soit réfugié dans celui des aveugles, ou pire dans celui des pleutres.
À travers ses paupières mi-closes, elle occulte la douleur en fixant le lustre.

« Petit jésus, comment peut-il me faire cela, je n'y crois plus à ses légendes
Indiennes où les petites filles galopaient nues sur de magnifiques étalons ».
Mon corps est brisé, mon cœur aride, et je le sens bientôt, ma tête partira sans raison
Pourquoi, mon petit papa, as-tu saccagé, ravagé, pire profané mon monde ?

« Je suis ce qu'on qualifie actuellement d'hypersensible, est-ce une qualité ou une tare ? De toute façon, pas le choix, je dois vivre avec !

 En tout cas, j'arrive assez facilement à me mettre dans « la peau » de certaines personnes, pour tenter de percevoir ce qu'ils ressentent face à des situations.

Voilà comment est né ce projet d'essayer de rédiger un texte en tant que victime de l'inceste, mais seuls ceux qui l'ont vécu pourront valider ou non la justesse des mots, même si chaque expérience est différente. »

CYCLE

Comme un cri, qui résonne
Dans la nuit
À la vie je m'abandonne
Plein d'envie

Il égaye tous mes rires
Elle soulage mes soupirs
En silence
Ils construisent mon armure
Par amour, c'est une évidence

Quels que soient tes choix
Le destin a déjà supposé le chemin
Tu restes le seul roi
De ta vie, n'appréhende plus le lendemain.

Un frêle instant et tout bascule
Les sourires se figent, les larmes coulent
Les rêves, les désirs s'accumulent.
Tout s'enfuit, s'évapore sans bruit

Il vagabonde dans la nuit
Elle vide la pharmacie
En souffrance
Ils subissent mon avenir
Par amour, c'est une évidence

Quels que soient tes choix
Le destin a déjà supposé le chemin
Tu restes le seul roi
De ta vie, n'appréhende plus le lendemain

« C'est le texte d'une chanson qui devrait servir un jour de bande originale pour un film que j'ai écrit, « Cycle », qui raconte le combat de parents dont l'enfant se retrouve dans le coma.
La chanson a été enregistrée par une chanteuse, pas la même que celle de « Voleur de destin », mais elle ne souhaite pas que nous la diffusions, donc pour l'instant elle attend au chaud dans la boite – la chanson, pas la chanteuse. »

LE RADEAU FANTÔME

Les effluves de yassa embaument toute la
maison
La famille est là pour moi, même les tatas et les
tontons.
Malgré l'abondance des mets de ce repas de fête,
Personne n'ose parler, tous font une triste tête.

Demain aux premières lueurs, je prendrai la
route.
Depuis des semaines, je suis rempli de peurs, de
doute.
Mais plus le choix, je dois m'y rendre coûte que
coûte.
Tant pis si ce si long voyage sonne ma déroute.

On m'a souvent dit que là-bas c'était l'eldorado,
Sinistrement je suis allongé, sur ce piètre radeau.

Sur ma terre, j'ai tout tenté comme un désespéré.
J'ai éprouvé mille métiers, mais à tous j'ai échoué.
Je n'y arrive plus, malgré tout, et je ne suis pas
l'aîné.
C'est devenu une triste réalité, je dois m'en aller.

Mon bagage est aussi léger, que mon cœur est
lourd
Je n'ai pas voulu me retourner à mon départ, au
petit jour.

Les yeux inondés de Mama m'auraient déchiré
l'âme.
Mais un jour, je reviendrai au bras d'une belle
femme.

On m'a souvent dit que là-bas c'était l'eldorado,
Sinistrement je suis allongé, sur ce piètre radeau.

Ma tête ne daigne plus compter toutes ces lunes
Où j'avance tel un pantin désarticulé, dans les
dunes.
Ce n'est plus une aventure, juste un calvaire.
Le ventre désespérément vide, rempli d'air.

Je me terre le jour, pour échapper aux rapaces.
Car sur ces terres du nord, la misère nous
trépasse.
Je ne possède presque plus rien, mais c'est déjà
trop.
Les charognards rodent pour m'extirper ce
dernier sursaut.

On m'a souvent dit que là-bas c'était l'eldorado,
Sinistrement je suis allongé, sur ce piètre radeau.

Le temps s'est arrêté, je suis enfin sur cette plage
Face à cette terre promise, qui ressemble à un
mirage.
Mes poches sont vides, pas les mains de mon
passeur.

Mais je vais atteindre mon but dans quelques heures.

Coincé sur cette coquille improbable, où on s'entasse.
Envahi d'un ressentiment d'être pris dans une nasse
La mer, pourtant si belle, vient de voler mon âme
En me brisant les ailes, avec cette funèbre lame.

« Toujours un texte pour une chanteuse, une troisième, qui devait servir de base pour parler de l'exil, puis nous sommes partis sur d'autres titres ; j'ai écrit la moitié de l'un de ses albums. Malheureusement, il n'est toujours pas dans « les bacs », faute d'accord entre elle et le producteur… Oui je sais, je suis verni avec mes chansons. »

DE L'AUTRE CÔTE DU MUR

Ah ! comme j'exècre ce quadrilatère de misère
Véritable carcan de mon âme descendue en enfer
Où l'on m'impose de vivre avec les suppôts de Satan
Lieu maudit où l'on désosse le temps inlassablement.

Dehors ils s'apprêtent à briller, à faire la roue tels des paons,
Mais ici dans la pénombre, ils s'effondrent, car ce ne sont que des faons.

À l'instar du monde de l'autre côté des infranchissables murs,
Tout n'est qu'images, illusions, et bien dérisoires armures.
À la moindre faille, la moindre odeur de sang, la moindre blessure,
La meute te mettra en pièces, telle une curée elle te brisera ton ossature.

Ma tribu, elle se tient sagement sur la rive opposée du Styx.
Plus longue sera ta peine dans ce lieu, plus dure sera ta peine.
De cette insatiable solitude nocturne, naitra ton délirium pénitence,

Ma camisole médicale devient mon refuge, sans
éclipser ma haine.

Dehors ils s'apprêtent à briller, à faire la roue, tels
des paons,
Mais ici dans la pénombre, ils s'effondrent, car ce
ne sont que des faons.

« J'ai connu plusieurs anciens détenus, qui vous expliquent la réalité de la détention, lorsqu'ils se livrent en toute intimité.

Sans artifice, ils vous narrent le nombre d'heures à mordre leur oreiller la nuit, pour que leurs codétenus n'entendent pas leurs sanglots. »

PÉDAGOGIE ADAPTATIVE

Dis-toi que si tu savais tout, tu ne serais pas prof !

Ils n'ont pas leur tenue de sport, fais un rugby ou de la gym au sol.

Ils oublient trop souvent leurs devoirs, « oublie » de corriger leurs copies.

Rares sont ceux qui ont effectué le travail, dans ce cas bannis le zéro et mets vingt aux quelques laborieux.

Ils ont séché tes cours ! Rends-toi plus attractif que le soleil ! Prouve-leur que ton savoir est aussi une liberté.

Le sourire est le meilleur terreau de l'éducation ! Certes, on peut cultiver sous un climat rigoureux, mais les fruits de cette éducation seront salés par les larmes qui auront irrigué le sol ! Alors que le rayonnement de tes sourires les rendra sucrés.

Accepte d'être remis en cause quand c'est justifié, c'est à ce prix qu'ils te respecteront.

Sois en colère après celui qui t'a manqué de respect, mais sois en colère après toi pour celui qui n'a pas compris ton cours.

Une image efficace vaut parfois mille mots.

Les « images » sont parfois l'écluse nécessaire pour naviguer sur le savoir.

SANCTION ET DISCIPLINES

Tu lui as collé une retenue, qui est le fautif ? Lui, d'avoir dépassé les bornes ! Ou toi, de ne pas avoir pu les faire respecter ?

Ils sont excités en fin de journée, et tu n'es pas responsable de l'emploi du temps ! Oui, mais eux non plus !

Ils se sont trompés, pardonne-leur ! Tu t'es trompé, excuse-toi ! Ils accepteront mieux les reproches futurs.

Parfois un mot vulgaire dans la bouche du savoir, a valeur de mille réprimandes châtiées.

Le leader en classe est une hydre à trente têtes, dans le couloir il n'en a plus qu'une et il y tient.

AUTORITÉ

Dis-moi comment tu es en conseil de classe ! Je te dirai comment tu gères tes élèves.

Tu es censé être un tuteur et non un sécateur !

Affirme ton autorité sans jamais les rabaisser, ou tu t'en feras des « ennemis » !

Il cherche l'affrontement public, règle cela en privé ! Tu pourras lui faire passer tant de choses, et il pourra rabaisser sa garde.

Il est plus facile de dompter un lion dans les coulisses que de maîtriser un chat sur la piste.

L'établissement est ton territoire, alors ne baisse jamais les yeux dans les couloirs, ne serait-ce qu'une fois !

Les élèves te prennent pour un imbécile, est-ce bien nécessaire de leur donner raison ?

Sois un mur et ils se transformeront en béliers, deviens un pont et ils se métamorphoseront en moutons.

Tu aimerais tant qu'ils te respectent, mais as-tu toujours été respectueux à leur égard ?

Les noms d'oiseaux permettent de nommer les oiseaux, et non ses ouailles !

Aujourd'hui ils te sont sortis par les narines, et alors tu as le droit d'avoir des états d'âme ! Cette année ils te sont sortis par les narines, alors là peut-être n'as-tu plus la flamme !

« *Encore un dernier petit bonus, des maximes que j'ai rédigées lorsque j'étais effaré* »

Il se prenait pour le nombril du monde, alors qu'il n'en était que l'anus.

Merci, à ceux qui m'ont poussé dans le dos, vous m'avez donné de l'élan.

Un chien qui pisse sur un arbre ne l'empêche pas de pousser.

Certaines personnes t'aiment pour les mauvaises raisons. Puis te haïssent pour les vraies.

Si je passe mon temps à t'aider à réaliser tes rêves, qui va réaliser les miens ?

Je suis serviable, pas corvéable.

Confondre gentillesse et faiblesse, c'est comme imaginer que la main tendue vers toi n'est pas capable de te gifler s'il faut.

Au fil des ans, je n'ai pas perdu ma générosité, ce sont les autres qui me l'ont volée.

Mon amour-propre trouve sa source dans les yeux de ce que j'aime. Le reste n'est que futilité.

Ne me polluez pas avec vos doutes, j'ai assez des miens.

Les futilités sont les problèmes de ceux qui n'en ont pas.

La femme parfaite, ce n'est pas celle qui possède toutes les qualités. Mais celle qui accepte nos défauts.

La beauté d'une femme réside dans son visage au réveil, le reste n'est qu'artifice.

Si ça se trouve, les moustiques sont des émissaires martiens qui essayent de communiquer avec nous. Et nous, connement, on les assassine.

À paris, au printemps, lorsqu'il pleut, ça sent la campagne, mais qui pue.

Allongé les yeux fermés et la bouche grande ouverte, pas de doute aller chez le dentiste, c'est une vraie preuve de confiance.

Réaliser un film, c'est comme peindre dans le noir. La technique vous tend des pinceaux, les acteurs les couleurs.

Enfant, je voulais être un super-héros, je suis donc devenu le héros de ma vie.

J'offre humblement ce livre à tous ces êtres nés de l'amour, morts de la haine.

53

Ghis

VERSA

« LES MOTS DE COEUR »

Versa « Les mots de cœur » n'est pas forcément un pendant diamétralement opposé à Vice(s), ni réellement plus léger ou moins sombre, mais c'est la face où j'aborde les sujets plutôt liés à l'amour, au vague à l'âme.

Enseignant, j'utilisais souvent les images, les métaphores pour illustrer mes propos, pour les rendre plus accessibles et plus digestes à mes élèves. Et en fait, mes amis m'ont fait remarquer que je faisais souvent la même chose avec eux. D'ailleurs c'est un peu de leur faute, ils n'avaient qu'à ne pas rester de grands enfants.

Tout cela pour dire que dans les méandres de ma mémoire, j'ai toujours ressenti ce besoin d'illustrer mes propos, et parfois je passais par l'écrit pour tenter de transmettre des messages.

Voici donc pêle-mêle une dizaine de textes écrits sur deux décennies.

LE PANTIN

En éternel équilibre, sur cette fine bande de terre,
J'avance, encerclée par les flots tumultueux de la mer.
Au fil de mon odyssée, les rares îlots d'amitié, de passion,
Se sont effondrés, vidant et attristant mon horizon.

Mes pas s'enchaînent, l'un après l'autre, tel un somnambule,
J'erre sur le chemin de ma vie, asphyxiée dans une bulle.
Chaque foulée irradie mon corps de pics de douleurs,
Chaque glissade fait ressurgir des bouffées de frayeurs.

Je ne suis plus qu'un automate aux rouages rouillés,
Je ne suis plus qu'un pantin désarticulé, aux fils coupés.

Désespérément, mes pieds s'enfoncent dans le sable détrempé,
Par le déluge intarissable, de mes larmes salées.
Plus le temps s'échappe, plus je m'enfonce dans un bagne,

De solitude, réduite à avancer sans aucune cocagne.

J'ai bien songé à me retourner vers mon passé,
Mais sous sa beauté éblouissante, mon désarroi s'est accentué.
L'intensité de mes souvenirs me désespère,
Alors je continue, aveuglée par ces satanées œillères.

Je ne suis plus qu'un automate aux rouages rouillés,
Je ne suis plus qu'un pantin désarticulé, aux fils coupés.

Il me faut persister, pour ne pas me noyer, ne pas partir,
Afin d'échapper à la marée montante de mes souvenirs.
Avancer vers la source de réconfort, vers le soleil protecteur,
Qui enfin m'apportera ma part légitime de bonheur.

Un jour mes pieds toucheront enfin le sol béni,
Où les pas ne s'enfoncent pas, où la nature est fleurie.
Délivrés, ils sauteront, ils danseront, ils voleront,
Vers de nouveaux îlots d'amitié, de passion.

L'automate se métamorphosera en jeune femme épanouie,
Le pantin, sous l'effet de la magie, reprendra vie.

« J'ai écrit ce texte fin des années 90, alors enseignant, je ne pouvais me défaire de mes habits d'éducateur, du coup j'avais passé de nombreuses heures à échanger avec une élève qui avait très souvent le blues, elle idolâtrait son enfance pourtant si proche et exécrait son adolescence. Je lui avais écrit ce texte pour lui montrer que ce n'était qu'un sas, certes peut-être désagréable à vivre sur le moment, mais qu'il déboucherait sur sa vie d'adulte. »

DAWANA

Délicatement lovée, dans le vaste creux d'une feuille de goyavier,
Une chenille aux couleurs «arc-en-ciel », se prélassait au soleil.
Après tout un été à se gaver avec délectation de fruits et de miel,
Elle s'apprêtait à suivre sa destinée, elle allait enfin se métamorphoser.

Profitant des derniers rayons, elle regardait avec un réel émoi,
Étendus à ses côtés, ses deux uniques et indispensables compagnons.
Qui depuis peu, avaient décidé de se retirer dans leurs cocons,
À regret, mais emprunte d'excitation, elle tissa son long fil de soie.

Mais au moment où elle entamait sa métamorphose, des doigts gantés,
La saisir pour la contempler, afin de l'emmener dans de lointaines contrées.
Enfermée puis exposée, elle décida de se laisser dépérir, haïssant la captivité,
Seuls lui parvenaient les cris de ses compagnons, qui la suppliaient de se démêler.

Par amour, elle ôtat sa carapace, afin de laisser apparaître un gracieux,
Papillon, vif mais dépourvu de toutes couleurs, telle une froide cendre.
Au fil des ans, elle reprit goût à la vie, grâce à ses compagnons de jeu,
Avec qui elle passait des longs moments de chamailleries débilement tendres !

Dorénavant, l'existence lui semblait tolérable, mais son esprit continuait son errance,
Sa vie semblait être une histoire inachevée, où l'on aurait supprimé un chapitre.
Alors, se laissant porter par les vents salvateurs, elle retourna auprès de son arbre,
Pour y retrouver les senteurs, les sons de sa genèse, les rires de sa tendre enfance.

Ce bénéfique retour aux sources lui reteignit les ailes, sans aucune souffrance,
Jusqu'à ce qu'elle resplendisse de nouveau, des couleurs de la vie, de l'amour.
Elle redevint alors un papillon «arc-en-ciel », et toute son existence prit un sens,
Dorénavant, elle était prêtre à vivre où le vent la porterait pour toujours.

« Des amis, deux frères et une sœur ont dû quitter, il y a plus de trente ans, leur pays natal. La jeune sœur m'avait raconté un jour son désarroi intrinsèque d'avoir quitté leur maison familiale dans un pays tropical, pour des terres humides et froides en France. Elle avait le sentiment qu'il lui manquait une partie d'elle-même, qui était restée sur place. Elle parvint à se reconstituer une fois adulte, en se rendant dans le pays de son enfance, afin de renouer avec elle-même. La petite fille et la femme se sont retrouvées pour ne former plus qu'une. »

L'ARTISAN DE L'AMOUR

D'une main fébrile, il a gravé ton nom à la pointe acérée de son couteau,
Sur le tronc d'un noble marronnier centenaire, au milieu du parc d'un château.
Malheureusement, de cette innocente marque d'amour, de cet élan spontané du cœur,
La sève acide s'est mise à couler comme des larmes végétales, symbole de douleur.

Au fil des jours, son cœur est parvenu à modeler de la terre à l'image de ton visage,
Patiemment et crescendo est apparue cette féerique incarnation du portrait d'un ange.
Par malheur, les larmes de joie qui coulaient à flots continus de ses traites pupilles,
Ont réduit son œuvre en une visqueuse coulée de boue, la rendant dorénavant bien futile.

Mille fois il a remis son travail sur le métier, et chaque fois c'était voué à l'échec,
Mauvais artisan de l'amour, il ne parvenait qu'à rendre ton cœur désespérément sec.

De sa plus belle plume, il a sincèrement voulu poétiser sur la magnificence,
De ton corps unique, sur la beauté naturelle que tu incarnes avec bienséance.

Malencontreusement, sous la ferveur de son écriture, la force de sa pointe enragée,
Le papier s'est cruellement déchiré, effaçant toutes traces de cet hommage.

Il a tracé avec délicatesse du bout de la pulpe de ses doigts ton doux prénom,
Sur le sable fin d'une plage désertique, intégralement vierge de toute civilisation.
Malheureusement, cet aveu d'amour est parti éternellement dans les abymes,
La mer intraitable ayant décidé de l'effacer, reprenant ainsi son droit légitime.

Mille fois il a remis son travail sur le métier, et chaque fois c'était voué à l'échec,
Mauvais artisan de l'amour, il ne parvenait qu'à rendre ton cœur désespérément sec.

Avec persévérance il est parvenu, à la force de ses mains ensanglantées,
À tailler une pierre à ton image, à rendre ce matériau chaleureux sous tes traits.
Malheureusement, l'intensité de ses sentiments a fini par fendre la pierre,
Qui s'est métamorphosée en un vil tas de cailloux, blessant ta fragile chair.

Dorénavant il essayera de façonner le plus noble des matériaux et par conséquent le plus fragile,

Il s'attachera à honorer, à encenser, à vénérer le mieux possible ton cœur si sensible.
En priant de ne jamais le faire pleurer ni l'entacher, et encore moins de le déchirer
Ou de le fendre, car pour éviter de l'effacer, il a besoin de ton cœur pour le graver.

Mille fois j'ai vénéré ton cœur, remerciant le ciel de ce présent, les yeux baignés de larmes,
Profane artisan de l'amour, je fais le souhait de gagner une place dans ton cœur, et dans ton âme.

« Lorsque j'étais en couple, j'avais la douce illusion que combler de cadeaux et d'attentions épanouirait ma relation. Mais au fil des ans, j'ai réalisé que même si le sentiment de départ est noble, nous ne sommes en aucun droit d'imposer des attentions. On me reprochait souvent d'en faire trop et je ne comprenais pas, pour moi le mal était de ne pas en faire assez, pas d'en faire trop. Mais en fait si, les deux extrêmes sont néfastes pour l'épanouissement d'une relation, je devais sûrement avoir un côté étouffant. »

ÉCORCHÉS

Faites fi de vos viles caricatures hâtives,
Vous la cloîtrez sans appel, exclusive.
Ignorez-vous qu'abyssalement elle est chétive ?
Ne voulez-vous voir qu'elle est craintive ?

Faites fi de vos vils jugements hâtifs,
Vous le cloîtrez sans appel, possessif.
Ignorez-vous qu'abyssalement il est chétif ?
Ne voulez-vous voir qu'il est craintif ?

Deux écorchés vifs malmenés par la vie
Tentent de panser leurs plaies à l'abri.

Voilà bien des lunes qu'on lui a dérobé son
innocence,
Piétinant et éparpillant sa si frêle confiance.
Si dorénavant elle n'ose se fier qu'à elle-même !
C'est tragiquement qu'elle a subi la félonie
humaine

Voilà bien des lustres que sa vie a perdu du sens,
Ayant banni pour sa personne la confiance.
Si dorénavant il n'ose se fier qu'à lui-même !
C'est tragiquement qu'il a subi la félonie humaine.

Deux écorchés vifs malmenés par la vie
Tentent de panser leurs plaies à l'abri.

Elle espère du fond de son âme qui pleure,
Avoir déniché cette utopique âme sœur.
Elle brûle intérieurement de lui tendre les doigts
De s'offrir à lui, mais en elle tant de désarrois.

Il espère du fond de son âme qui pleure,
Pouvoir conserver cette utopique âme sœur
Il brûle intérieurement de lui prendre les doigts
Qu'elle s'offre à lui, mais en lui tant d'émois.

Deux écorchés vifs malmenés par la vie,
Ensemble pansent leurs plaies à l'abri.

« Je ne me souviens absolument plus, quand et
pourquoi j'ai écrit ce texte, donc à vous d'imaginer
le contexte qui vous sied. »

ÉTERNELLEMENT INNOCENT

Le fruit de leur rencontre avait la saveur de l'heureux hasard,
Certains diraient qu'elle avait eu lieu dans leur vie un peu tard.
En raillant qu'il ne possédait pas les trésors de balthasar,
Mais peu importe, car elle était bien le joyau le plus rare.

Leur histoire pouvait paraître à première vue des plus platoniques,
C'est qu'ils ignoraient qu'elle était bariolée d'instants comiques.
La majorité des profanes auraient jugé bien hâtivement cela avec dédain,
Eux, candidement, n'y voyaient que le côté tendrement enfantin.

Ils parvenaient, nuit après nuit, à se connaître à l'infini,
Par l'intermédiaire de mots doux échangés en catimini.
Comme deux adolescents qui découvrent l'amour magique,
En étant intimement convaincus que ce qu'ils vivent est unique.

Dans cette optique, ils n'ont que faire des quolibets fielleusement jaloux,

Ils persistent à marcher main dans la main dans leurs songes si doux.

Avec passion, il grave au cœur de l'écorce tendre des arbres son prénom,

Inlassablement, elle décortique des myriades de pâquerettes en pensant à son compagnon.

Ils savent pertinemment au fond de leur cœur qu'ils devront se rencontrer,

Qu'ils devront quitter leurs nids douillets pour affronter le regard des gens.

Plus l'instant fatidique se rapproche, plus ils ressemblent à des enfants apeurés.

Cet instant, ils le désirent plus que tout, mais ils craignent de ne plus être innocents.

« Écrit un soir des années 2000, pour ma future femme, lorsque nous étions en phase de séduction, il faut dire que nous passions des heures au téléphone jusqu'à l'aube pour faire connaissance. Nous avions déjà tous les deux un passé, parfois douloureux, et nous nous posions pleins de questions sur la possibilité d'un avenir commun. Malgré notre divorce, je lui dédicace ce texte, car je ne garde que les bons souvenirs, les mauvais je les laisse là où ils sont, je ne veux pas m'encombrer dans mon chemin de quiétude. »

PAPILLON ARC-EN-CIEL

Par une flamboyante matinée estivale, un délicat
papillon arc-en-ciel,
Vint se poser au creux de mes lèvres, attiré par
des gouttes de miel.
Dès cet instant, il me sembla si fragile avec ses
ailes cristallines,
Que je voulus le protéger des intempéries de la
vie assassine.

Mal m'en prit, car plus je le couvais, plus je veillais
sur cet être si sensible,
Plus il dépérissait, telle une peau de chagrin, plus
ses couleurs s'estompaient.
Toutes forces de s'envoler l'avaient quitté, il se
destinait à une mort horrible,
Décontenancé par ce spectacle, de mes yeux, un
déluge intarissable s'échappait.

Ivre de fatigue et de peine, je sombre dans un
sommeil parasité de mauvais songes,
Sans m'en apercevoir, je relâche la pression de
mes doigts, ouvrant ainsi la prison,
De chair où était cloîtrée cette fleur aérienne,
après une longue hésitation, une aile bouge.
Ragaillardi par les premiers rayons de soleil, il
parvient à s'extirper de son sinistre donjon.

De plus en plus confiant, il voltige sur lui-même offrant un féerique ballet, avec pour scène le ciel, Sous l'effet des tourbillons, les couleurs commencent à regagner ses majestueuses ailes. Sentant le vide sous ma pulpe, je sursaute, et constate avec joie la résurrection de mon aimée, Depuis, je prie le ciel qu'elle me pardonne et daigne encore effleurer mes lèvres en toute liberté.

« Ce texte reprend le thème de « l'artisan de l'amour », bah oui, j'ai mis du temps à murir et à comprendre qu'il ne fallait pas être trop étouffant même si cela, je le répète, part d'un bon sentiment. Attention, je ne parle pas de jalousie, je parle de toujours vouloir faire plaisir, ce qui peut devenir obsédant et inapproprié. »

LES ÂMES AFFRANCHIES

Au fil des lunes, son apparence était semblable à celle d'une graine desséchée par le harcèlement d'Éole,

Depuis fort longtemps la plus infime caresse entraînait son effritement, sous la pulpe des doigts râpeux.

Occultant les pics de douleur, la mort dans l'âme, il quémandait avec obstination sa bien piètre obole.

De tendresse, voulant ainsi défier sa destinée qui l'avait voué à une éternelle solitude, paria à leurs yeux.

Les quidams, aveuglés et obnubilés par leur folle course sur la vie, ne lui prêtaient plus la moindre attention,

Sans aucun ménagement ils le heurtaient de leurs chausses souillées, obsédés par le fil de leur horizon.

Ainsi ballotté au gré des gens, il avait fini par s'échouer dans un lieu vierge de toute vie humaine,

Il ne parvenait plus à échapper aux déplacements hasardeux imposés par les violentes tornades amazoniennes.

Il avait choisi de se laisser dépérir, refusant de lutter contre la voie que lui avaient tracée les divinités,

Son combat acharné sur la vie était devenu vain, tout espoir l'ayant quitté, il ne croyait plus en la bonté.

Le sable avait entamé son œuvre, l'ensevelissant aux portes des ténèbres, il était reclus dans son tombeau,

Lorsqu'un souffle salvateur éparpilla les grains dévastateurs, le dévoilant recroquevillé dans son morbide cachot.

Une petite fille d'un pueblo voisin, soufflait avec délicatesse sur lui pour l'extirper de sa chape de sable,

Presque par hasard elle l'avait découvert, attirée par le chant mortuaire qu'il avait entamé sous sa stalle.

Solitaire, elle aimait errer dans ce coin oublié des hommes, pour y laisser vagabonder son esprit dans l'odyssée

Des nuages, affranchissant son esprit qui se complaisait à papillonner, quiet vers de moins hostiles contrées.

Elle incarnait la beauté sauvage des âmes libres de toutes contraintes terrestres, qui savent s'abreuver de rêve,

Tout son être resplendissait à l'image des rais du soleil, inondant au petit matin la terre rouge de sa réserve.

Elle avait les iris malicieux et pétillants comme les rythmes endiablés qui résonnent la nuit dans les favelas,

Sa peau arborait les couleurs des feux divins, si sensuelle que la mort serait paisible, prisonnier dans ses nasses.

Avec d'infimes précautions, elle l'enroula dans une feuille de maïs, et sur sa poitrine naissante, lui offrit sa chaleur,

Au contact de cette peau virginale, telle une graine migratrice qui a enfin découvert sa terre fertile, il bannit sa peur.

Pendant que patiemment autour de la feuille, elle confectionna une poupée, afin de lui assurer un sanctuaire de sérénité,

Coconné et protégé dans ce pantin végétal, il se métamorphosa en un cœur palpitant et débordant d'amour pour sa dulcinée.

Désormais il était inséparable de son aimée, sa main tendrement blottie et lovée dans la sienne il se sentait dorénavant assez fort

Pour explorer la vie et affronter la civilisation, lui qui n'était que le néant, devint un être à part entière, grâce à son regard.

Avec féerie, elle confectionna deux papillons grâce à des pétales multicolores, qui prirent vie sous le contact de leurs mains unies,
Émus, ils les regardèrent s'élever dans le ciel d'azur, afin de se laissait porter vers leur destinée, telles des âmes affranchies.

« Cet écrit est assez long, car bien souvent ce premier reflète l'état d'esprit du moment, or a priori ce jour-là j'avais besoin de plus de mots pour l'exprimer. Cela faisait un paquet de lunes que je m'étais séparé de la mère de mon fils et il m'a fallu beaucoup de temps pour panser mes plaies, lorsque j'ai rencontré cette jeune femme, qui m'a aidé à me redresser. »

LE CHANT DE LA PIERRE A AIGUISER

Une petite fille errait, par une chaude nuit d'été,
En se fixant pour unique guide la Voie lactée.
Vêtue d'une simple étoffe d'innocence,
Les deux yeux baignés de rêves d'enfance.

Au détour d'un chemin, elle buta sur une oie,
Dont le plumage possédait la douceur de la soie.
Innocemment, elle glissa ses doigts dans son duvet,
Qui lui révéla un monde parsemé de belles pensées.

Confiante, elle se hissa sur le cou de son amie,
Qui instantanément, prit son envol pour le paradis.
Avant d'arriver, l'oie hésita puis s'effraya,
Pris dans ce tourment, l'enfant tomba.

Elle chuta longtemps, avant de s'échouer sur une plage,
Son âme souffrait d'avoir perdu ses mirages.
Ce n'était qu'une oie domestique, et non sauvage,
Qui, éprise de liberté, l'avait entraînée dans son puéril voyage.

Dorénavant, la petite fille qui attend sur son rivage

Verra bien arriver, un matin son roi mage.
Quant à l'oie, elle est désolée car elle ne peut plus
voler,
On lui a coupé les ailes, et elle entend le chant de
la pierre à aiguiser.

« J'ai rédigé le « chant de la pierre à aiguiser » pour illustrer le fait que parfois il faut prendre son temps dans une relation, car son ou sa partenaire peut faire preuve d'un enthousiasme sans faille, mais il ou elle se leurre et par la même occasion nous entraîne dans une relation intense mais éphémère. Car à un moment donné, il ou elle réalise qu'il(elle) s'est enflammé(e) et nous laissera sur le bord de la route, en changeant de cap. »

LE VOILE

La tristesse peu à peu avait réussi à parasiter son
cœur,
La vie de cette princesse lui semblait dénuée de
chaleur.
Son horizon lui apparaissait inlassablement
sombre,
Alors elle errait, traînant péniblement son ombre.

Sur son passage les gens lui beuglaient des
insanités,
N'ayant de cesse de la dévaloriser, de la railler.
Elle avait l'impression que tout ce qu'elle
entreprenait
Était voué à l'échec, que rien en elle ne leur
plaisait.

Cette petite fille, malheureusement, ne croyait
plus au bonheur,
Ne pensait plus qu'elle pouvait s'épanouir comme
une fleur.

Le reflet de son visage, renvoyé par l'infâme
miroir,
Lui déplaisait tant, que ses yeux se remplissaient
de désespoir.
Lasse de tous ses tourments, elle courut droit
devant, sans se retourner,

Puis s'engouffra dans une sombre forêt, où elle
souhaitait tout oublier.

Se ruant dans les taillis, ignorant les branches qui
lui lacéraient le visage,
Elle progressa péniblement jusqu'au cœur de
cette dense citée feuillue.
Arrivée au pied d'un arbre majestueux, elle laissa
échapper un cri de rage,
Car ses cheveux s'étaient emmêlés, dans une
vile branche crochue.

Cette petite fille, malheureusement, ne croyait
plus au bonheur,
Ne pensait plus qu'elle pouvait s'épanouir comme
une fleur.

Sous l'effet de la douleur elle s'effondra, son
visage affleurant
Un paisible cours d'eau, puis se mit à pleurer tout
doucement.
Ses larmes qui roulaient le long de son cou,
allaient s'écraser,
Formant des lunes dans l'eau, qui peu à peu
semblait s'apaiser.

Au milieu, de ce prisme aquatique, elle aperçut un
visage,
Duquel émanait une rare beauté, égale à celle
d'un ange.

Soulagée par cette apparition, elle retrouva enfin son calme,
Lorsqu'elle réalisa qu'il s'agissait de son portait rempli de charmes.

Cette petite fille, malheureusement, ne croyait plus au bonheur,
Ne pensait plus qu'elle pouvait s'épanouir comme une fleur.

Abasourdie par sa découverte, elle se releva, c'est alors qu'enfin,
Elle découvrit, accroché dans les branchages, un voile de chagrin.
Ce dernier lui avait été arraché par le seigneur de ces lieux,
Lui dévoilant la vie dans toute sa splendeur, lui ouvrant les yeux.

Alors rassurée, et débarrassée de sa gêne, elle reprit le chemin du retour,
À son passage, les gens la complimentaient, la félicitaient, l'encourageaient.
Son horizon s'azurait, son ombre volait, elle sentait son corps revivre,
Débarrassée de son voile de doute, elle pouvait enfin être libre.

Cette petite fille, pouvait désormais accéder au bonheur,

Et s'épanouir pour donner la plus belle des fleurs.

96

« Comme « le pantin » j'ai écrit ce texte fin des années 90, toujours pour cette élève qui pensait que la terre entière la jugeait et la trouvait fade et inintéressante, j'ai juste voulu lui exprimer que c'était elle qui se drapait dans ce voile, et qu'elle seule pouvait s'en dévêtir pour être réellement ce qu'elle était. »

LE CHEVALIER NOCTURNE

Bénie soit l'heure féerique, des douze coups sonnés.

Quand notre corps se blottit dans les bras de morphée.

Celle où l'oreille fait son nid dans l'édredon douillet,

C'est enfin le repos bien mérité du guerrier exténué.

L'heure qui arrive à transformer le tictac de l'horloge,

En sons chaotiques, de vulcain martelant dans sa forge.

Où, le miaulement perçant d'un vulgaire chat de gouttière,

Ressemble à s'y méprendre aux rugissements d'une panthère.

En attendant patiemment le passage du marchand de sable,

On négocie avec le revendeur quelques pensées agréables.

La fatigue aidant, bannie la pudeur, chassés les tabous,

On fait fi ! De notre timidité, on s'autorise enfin à être fou.

À nous les conquêtes glorieuses, les exploits nocturnes,
Abattant allègrement tous ces maudits obstacles diurnes.
Tel un preux chevalier qui du fil de son épée pourfend,
Toutes nos angoisses, brise tous nos tranquillisants.

Dès demain à la première heure, nous déclarerons notre flamme à la belle,
On jettera sans regret toutes nos coutumes viciées à la poubelle.
Nous prendrons notre destin en main, fini le traintrain quotidien,
On se sent pousser des ailes, on a la volonté de redevenir quelqu'un.

À l'instar du soleil, quand nous nous lèverons, le doute nous aura envahis,
Nous constaterons, atterrés, qu'elles se seront envolées, nos belles envies.
Dans la nuit, le fier chevalier se sera métamorphosé en serf larmoyant,
Sur le socle de la réalité, son épée se sera brisée, inexorablement.

Alors dès l'aube, on maudira ce satané marchand de pacotille,

Qui n'était qu'un ignoble charlatan, vendeur de broutilles.

Mais patiemment on attendra le soir, tout en restant morose,

Car dès les coups sonnés, on se précipitera lui racheter une dose.

« On a tous vécu ce moment de la quête du sommeil réparateur, où l'on se motive pour un défi, une mission. Où l'on conçoit des plans improbables, qui nous semblent bien dérisoires, bien futiles le lendemain. Fort heureusement parfois, durant ces phases, on a aussi des traits de génie, qui nous permettent de trouver de vraies solutions réalisables. »

LE SILLAGE DU VENT

Les rayons solaires s'évertuent à réchauffer nos
cœurs,
En pourchassant les ombres qui hantent nos
âmes.
Malheureusement, une myriade de silences, de
larmes,
Nous ont plongés dans la peur, emmurés dans
notre malheur.

Tu es là juste en face de moi, à portée de mes
doigts,
Pourtant tu donnes l'impression d'être si loin de
moi.
Oh si tu savais ! À quel point j'aimerais te livrer
sans cesse,
Mes angoisses, mes insomnies, l'étendue de ma
tristesse.

Je me sens comme une petite fille, effrayée par le
noir,
Tu te sens comme perdu, presque effrayé de me
voir.

Mes mots d'amour sont prisonniers de mes
lèvres,
Puis finissent par mourir en s'écrasant par terre.
À nos pieds gisent les vestiges de nos cris, de nos
colères,

Tel un champ de bataille, parsemé de morceaux de verres.

La lumière en se reflétant, accentue leurs tranchants,
Nous ôtant tout courage, toute volonté de nous rapprocher.
Ne voulant plus prendre le risque de se couper, de se blesser,
Car toute nouvelle plaie serait fatale pour nos cœurs aimants.

Je me sens comme une petite fille, effrayée par le noir,
Tu te sens comme perdu, presque effrayé de me voir.

Lentement j'étouffe, de rester prisonnière de mes émotions,
Dans le lugubre cimetière de notre amour, de notre passion.
Au moment crucial, quand je m'apprête à te retrouver,
Mon courage s'évapore, me laissant muette, désespérée.

Si nous laissons faire le temps, nous serons perdants,
Car malheureusement le verre coupera éternellement.

Laissons donc rentrer le vent salvateur, qui dans son sillage,
Balaiera toutes nos peines en ouvrant notre sinistre cage.

Je me sentirai alors comme une petite fille, fière d'avoir vaincu le noir,
Tu te sentiras alors comme ému, de ne plus être effrayé de me voir.

« Décidément, comme « le pantin » et « le voile » j'ai écrit ce texte fin des années 90, et toujours pour cette élève. Il faut dire qu'au fil des discussions j'avais cerné d'où venait son malaise. Elle portait une culpabilité inappropriée et surtout non justifiée sur la maladie de son père. Pensant avoir sa part de responsabilité, ce qui bien évidemment était faux, mais du coup dans son univers d'adolescente elle ne parvenait plus à retrouver ce relationnel avec lui, qu'elle avait avant. Occasionnant son état de spleen permanent. »

Que vous maitrisiez le verbe ou non, que vous ayez le vocabulaire d'un académicien ou non, prenez votre plume et jetez votre âme sur le papier. Libre à vous de le publier ou non, mais ne craigniez point la critique, nul ne fait l'unanimité et tant que vous êtes satisfait, le contrat est rempli.